Passageira em trânsito

Marina Colasanti

Passageira em trânsito

EDITORA RECORD
RIO DE JANEIRO • SÃO PAULO

2009

Cip-Brasil. Catalogação-na-fonte
Sindicato Nacional dos Editores de Livros, RJ.

C65p Colasanti, Marina, 1937-
Passageira em trânsito / Marina Colasanti.
– Rio de Janeiro : Record, 2009.

ISBN 978-85-01-08495-8

1. Poesia brasileira. I. Título.

CDD 869.91
08-5403 CDU 821.134.3(81)-1

Capa: Victor Burton

Imagem de capa: Óleo sobre tela de Marina Colasanti

Direitos exclusivos de publicação em língua portuguesa
para o Brasil adquiridos pela
EDITORA RECORD LTDA.
Rua Argentina 171 – Rio de Janeiro, RJ – 20921-380 – Tel.: 2585-2000

Impresso no Brasil

ISBN 978-85-01-08495-8

PEDIDOS PELO REEMBOLSO POSTAL
Caixa Postal 23.052
Rio de Janeiro, RJ – 20922-970

Para Affonso, que comigo partilha
a dupla viagem de vida e poesia.

Sumário

E logo

Taxia na pista
o avião que me leva.
Do lado de fora do campo
os muitos vagões de um comboio
avançam nos trilhos.
Duas forças se lançam
no mesmo sentido
irmãs por segundos,
e logo
o avião se desprende do chão
as rodas se escondem no ventre
o avião faz-se ave.
Abaixo
o trem lentamente se torna
um traço de lápis
no verde.

Adiante às cegas

Ninguém nos diz onde
as colunas de Hércules se erguem
onde
na estrada reta
rompe a esquina
onde a quina
a falha, onde a ruptura em que
o tempo se fratura.
"É logo ali", murmuram vagamente
e vagamente apontam
com um gesto de mão que nada indica.
Parar, de nada adianta
contra o andar da paisagem,
cantar, o sono espanta e não
os males.
Rumorejam no peito
águas escuras
e adiante vamos sem saber ao certo
onde nasce o fragor,
se no temor dos passos
ou no mar
que já próximo
despenca.

Tatuagem digitigrada

Abaixo da manga marinho
no braço sem pêlos
desponta uma garra felina
de azul quase igual ao tecido.
A pata ungüiforme
as folhas da mata gravadas na pele
são cena e recado.
O homem franzino
de queixo minguado
avisa a quem vê:
por baixo da roupa
lateja
uma fera.

Na tarde, um espaço

O bolo no prato de louça
a camélia no vaso de vidro
ocupam
lado a lado
um fragmento da tarde.
Só a camélia se desdobra
viva como água ou serpente
roçando a sombra
– o manso amarelo da morte já
lhe beija as beiras
e o talo sorve insuficientes linfas.

Do bolo
nada sobrará
nem mesmo migalhas sobre pratos logo postos à pia.
Quando a camélia for jogada ao fogo
ficará
                    na tarde
o seu vazio.

Pelo lanho de um instante

Floresce entre minhas coxas
escuro torso de homem
carne alheia ali plantada
brotação que
                    da cintura
desfolha peito e omoplata.

Cresce um corpo em outro corpo
pelo lanho de um instante
já não sei onde sou eu
onde o amante que me habita
filho gigante
e visita.

No antigo tempo

Chove sobre Seoul.
Onze milhões de pessoas levam o celular ao ouvido
intermitentemente.
Nenhum espaço se abre entre os carros que
como lava
escorrem para o túnel, enquanto
abaixo
o verme luminoso do metrô perfura a escuridão.
Nas altas fachadas dos prédios
pulsam
mensagens luminosas em caracteres Sejon que
os vidros replicam
gigantescas.
Só a chuva e
o rio Hangan fluindo no antigo tempo entre ponte
[e ponte
falam língua que sei.

Seoul 2005

Como então

Irisados pelas escamas
do rio
brincamos de amor
na água clara.
E toda a floresta nos olha
como naquela tarde
do alto da ponte
olhamos duas trutas
se amando
no fino cristal
de Vaucluse.

Coréia do Norte 2005

Passeando nas florestas do monte Kumgang

Passeando nas florestas do monte Kumgang
ouço o manso falar de rio com pedra
e o escarvar silencioso dos insetos.
Sinuosa serpente, a estrada desliza
encosta abaixo.
Eu tiro da gola agulhas de pinheiro
e me pergunto
qual a maior transparência
se da água que salta
ou das trêmulas asas das libélulas.

Coréia do Norte 2005

Há sete séculos

Alinhado com a Estrela do Norte
quantas coisas sabe dizer o relógio solar
do real palácio Changdeokgung.
Há sete séculos os solstícios se deitam no seu bojo
e as horas percorrem com passos de formiga
as beiras entalhadas dessa cuba de bronze.
"Bacia voltada para cima que
recolhe a sombra do sol",
Angbuilgu,
assim se chama esse espião do tempo.
Mas nas noites mais claras
a prata toca o bronze como um sino
e a Lua lava na cuba
seus cabelos.

Seoul 2005

Da cabeça aos pés

Os monges
na Coréia
se vestem de neblina
finos trajes cinzentos
que o vento vaza.
A poder de ferro e goma
o linho se faz casca
crisálida
etérea carapaça
e as pregas ganham precisão de aço.

Das altas golas emergem
as cabeças raspadas
lisas como pedras de rio
as mãos se ocultam nas mangas
mas os pés
traiçoeiros
entregam tênis de marca.

Seoul 2005

Aliviando o peso

A mãe de Cesare Borgia
deixou à Igreja uma herança
para que se rezassem missas
em seu nome
ao longo de cem anos
e mais cem.
Ou muito lhe pesavam seus pecados
ou pouco confiava em cada missa
ou contava pagar com tanta reza
ter dado à luz um filho fratricida.

Essa chuva

Essa chuva não cai
ela é atirada como se atiram pedras,
lapida o ar ferindo folha e telha
sangrando em lama o chão
por entre talos.

Essa chuva não cai
ela é lançada com acerto de flecha
por mão que bem conhece o seu ofício.
E para o olho ausente
tudo é alvo.

Meu corpo

Se eu pudesse escolher
minha mortalha
a Dürer pediria que a desenhasse.
Severas pregas
– que severo é o escuro –
rigor em cada dobra do tecido
linhos exatos como se talhados
em dura pedra.

Coberto em precisão, o corpo meu
embora rijo
por contraste seria quase suave
entregue sem ceder ao último traço
salvas as curvas côncavas/convexas
morto e vivo o meu
corpo de mulher.

Almoço ao ar livre

No vidro redondo
de azeite
o mundo se inverte
em idêntica luz.
Nem perde o sentido
esse mundo
de ponta-cabeça;
as árvores pendem no vidro
o verde se espraia no céu
e voam deitadas as aves
em líquido sol.
Quem perde o sentido
sou eu
sentada
sozinha ao contrário
raízes cravadas no chão
a entrada no inverso
vetada.

Mury 2003

Palavras de seda

Eu vi Yao Shan
o ermitão
sentado em sua cadeira de bambu
à sombra de um pinheiro.
O braço magro erguido
o dedo ossudo em riste
dialoga com
Li Po.
Pintados sobre seda
– e que outro tecido acolheria a contento
poeta e sábio? –
entregam palavras mudas ao fino entrecruzar
de fio com fio
e discutem
imóveis como as agulhas do pinheiro
que o vento do tempo não tange.

No delta do rio Paraná

Vai este rio de barro e transparência
veia da terra entregue
a céu aberto
água
sempre indo ao encontro
de outra água.
O peso de um navio ara sem pressa
corrente acima,
descem por entre escamas que o sol traça
ilhas de verdes plantas
como peixes.

A terra não é firme
do outro lado.
Firme é o sempre mover-se
deste rio
líquido chão
que quando acolhe o pé
não lhe dá pouso.

Rosário 2004

Distante está

Para estudar a luz, Manet pintou
vezes sem conta
a Catedral de Rouen.
Deitada o dia inteiro neste quarto de hotel em
Downtown Miami acompanho o deslizar das horas
no vidrespelho do edifício em frente
escudo
que se tinge de sol e aceita a noite, sem nada
revelar do seu reverso
falésia
que despenca precisa como um corte
fachada
    lisa
lâmina.

Distante está aquela
antiqüíssima
em que o tempo se prende entre pregas
no manto dos santos.

Miami 2007

Hérnia é o nome

Há um cão vivo em minha espinha
um cão que rosna calado
no escuro mel da medula
caçando pulgas na cauda
como se enrodilhado.

Nem choupo nem eucalipto
tronco reto até as espáduas
sustentando os magros ossos,
o que tenho é um cão raivoso
entre vértebras oculto
sempre à espreita
sempre pronto
a flagrar o gesto falso
o fraquejar da cintura
quando então me crava os dentes
gerando a dor que o alimenta,
e que perdura.

Segurança e normas

Este avião tem
seis portas de emergência
assinaladas com
saída-exit
máscaras descerão do céu
como espírito santo
se a pressurização
for para o espaço
e no choco do assento cochilam
amarelos coletes salva-nada.
Fumar está proibido
nos toaletes
e fora deles
a poltrona é apertada
o cinto é frouxo
e longo o tédio em vôo
nesta aeronave.
O que nos salva é
o céu vedado pelo
chão de nuvens
e a gratidão
que a companhia expressa
por termos escolhido
estar aqui.

Outra era a subida

Nas escadas do shopping
necessário não é
subir degraus.
Um passo basta
– ou apenas um desejo –
para vencer distâncias
verticais.
Outra era a subida
quando a planta do pé
pisava pedra.
Escadas não rolam na Acrópole.
Dos novos templos
fáceis de galgar
quantas colunas
sobrarão no tempo?

No altíssimo topo

No alto do alto
do altíssimo edifício
um mínimo homem
se move sobre
o fio
do abismo
escuro inseto no topo da tamareira
sem asas
porém.

Enquanto se move a Lua

À noite não dormem
as cerejeiras em flor.
Seu breve tempo de vida
não lhes permite sono.
Ausentes os beija-flores que as cortejam de dia
distantes os besouros e abelhas
agora recolhidos em seus ninhos,
somente as pétalas velam no silêncio
avançando rumo ao pleno esplendor
que marcará o início do seu fim.

A cabeça é o melhor

Do peixe frito
come-se a cabeça
sem qualquer repugnância.
Não se tritura
um cérebro
não se mastiga
o nobre pensamento
a idéia
o medo.
Sequer se suga
o centro dos reflexos
a óssea e escura moradia do instinto.

Estalam-se sabores
entre os dentes
saboreia-se o sal
por sobre a língua.
Mas é o sal da fritura
tão-somente.
Que o sal do sentimento
bem se sabe
é humano privilégio.

E são tantas

As ruínas da guerra fedem
a urina e fezes.
Naquilo que foi casa
e vida alheia
os homens
                    como cães
erguem a pata
sobrepondo um desprezo
a outro desprezo.

Das ruínas da guerra
o vencedor não diz
foi meu trabalho
nem põe placa de bronze com seu nome.
Ninguém chama ao desfeito
                                        construção
embora a destruição seja uma obra.

As ruínas da guerra
são cracas a arrancar da terra.
E a elas a vida não se achega
porque a boca da morte
ainda bafeja.

Com sabor a mar

Toda a noite eu passei
no colo do passado, que
passo à frente
passo atrás
entre os braços me ninava.
Nem era sono
nem era vigília
era como se em água eu chapinhasse
ora funda
ora rasa
e era morna
e com sabor a mar,
água que lambia minha boca
e cicatrizava feridas.

Em Coyoacán

Agapanto branco contra
muro azul que
escuro verde escala.
O sol
na casa de Frida
pinta.

México 2006

Nella nebbia

La terra vestita di teli di vetro
che vetro non è
di pelle vestito lo sguardo
che pelle non è
di vento rappreso
di fiato
vestito il paesaggio di sogno
che sogno
non è.

Oximoros na madrugada

Tão parada
essa Lua em movimento
tão argento
esse mar que cor não tem
tão próxima da morte eu
ainda tão viva
tão pequena tão frágil
e tão forte.

A hora mística

É quando a noite ainda não é tudo
embora o dia se dê já por perdido
é quando o que é rasteiro fez-se escuro
mas o céu nas costuras ainda é claro,
é quando o barco volta
a missa teve fim
o gado dorme
e a bicicleta vai na estrada em sombra
aceso o vagalume
do selim.

Código genético

Pergunto-me se os europeus
se vêem como eu os vejo
eu que sou eles
mas com olhar agora amulatado.
Por trás do vidro observo
os que comem e bebem no bistrô
e vejo os mesmos rostos
os mesmos dedos finos e
alongados pescoços que
ainda há pouco vi
entre molduras
nas galerias do Louvre.
Ao contrário dos nossos
– tão mutantes –
os rostos europeus estão parados
há séculos forjados por idênticas formas
fotos de um passaporte que
respeita fronteiras.

Mas como meu olhar além do vidro
outra é a ordem que vem
nos novos tempos.
Com seu rosto migrante
entre máscara e carne se intrometem
        infiltram frontes
        deslizam zigomas
        impregnam pálpebras
        empurram têmporas
        e a pele e a cor e os já domados pêlos

entressacham
para forçar o molde
e comer
traço a traço
os seus contornos.

Paris 2003

Le poète allongé

O poeta deitado
braços cruzados altos sobre o peito
olhos abertos.
Sonha o poeta?
Ou sonhando
trabalha?
Cresce atrás dele
sobre o céu de pele
a rocha entrecortada de
um pinheiro.
Solto
um cavalo aguarda ser montado
e um quadrúpede branco
cão ou ovelha
ergue a cabeça farejando o nada.
Gramado e campo
podem ser cama
ao corpo do poeta
ou podem ser poesia
que dele emana.
O poeta
porém
linha escura deitada sobre a grama
é clara assinatura de Chagall
que de magenta e azul
fez poesia pura.

Paris 2003

De língua macia

Meu homem está nu
lendo na cama.
Sessenta anos
e seis
tem esse homem.
E no entanto
é cariátide sentada
que o tempo aflora
como aflora a pedra
e que
no meu olhar
lhe lambe
a pele.

Paris 2003

A noite ao lado

Os galos da favela
cantam no escuro.
Esses galos
que vivem entre casa e casa
entre parede e muro
que ciscam em lama e lixo
esses galos
erguem a cabeça
de bico aberto
e soltam a garganta para a lua
como se fossem lobos
ou chacais.

Das Indias

Há um vento em Cartagena
ao fim da tarde
que entra nas ruelas como
um touro
baixada fronte e
maresia nos cascos.
Vem áspero de sal
salta a muralha
crava os dentes na pedra
unhas na palma.

A pedra é como pão
que o vento amassa
uma esponja de pedra
que leveda
uma força de lava
que não passa.

E o vento vai roçando nas fachadas
forçando as portas
violentando os poros
para só se deitar na madrugada.

Cartagena de Indias 2006

Festa e consolo

Diante da catedral
em plena praça, os atabaques batem
as opulentas nádegas se alteiam.
O santo
no nicho
mantém o olhar voltado para o alto
e se consola com o quente peito das pombas
que vêm pousar na palma
das suas mãos.

Cartagena de Indias 2006

Na moita de bambus

Vento e serpente moram
na moita de bambus.
Farfalha o nada
entre as escamas secas
rangem adriças de um velame ausente
e no vergar das vértebras vazias
afia seu corte
o sibilar das folhas.
Abaixo, junto ao chão
entre as raízes
deslizam curvas frias
que a sombra acolhe.

Ele bem sabia

Dêem-me os primeiros planos de Vermeer
não me deixem sozinha
ao desamparo
contra o fundo de um quarto
ou de uma sala
ainda que uma janela me ilumine.
Ponham à minha frente
um pouco à esquerda
a cortina que cai com pregas fartas
ou os geométricos toques de vermelho de
um tapete oriental sobre uma mesa,
ponham porta entreaberta
ou canto de parede
mas que eu não fique só
sem anteparo
entregue ao olhar que vem
e espaço afora
devora a íntima luz
em que respiro.

Antes que

Preciso ler um bom poema antes
de dormir
antes que a noite encerre o
diário inventário das lembranças
antes que o sono cale boca e olhar, antes
que o prumo caia
horizontal.
Preciso ler um bom poema antes
que seja tarde
que fique escuro
que chegue o frio.
Ler um bom poema
antes que a morte venha
e escreva o seu.

A poeira do tempo

Sentada na cama corto as unhas
dezoito andares acima de Jerusalém.
Levanto o olhar
a cúpula cintila em ouro e sol
a clara muralha defende o que está salvo.
Todos os dias
as minhas unhas crescem
e eu as corto sem recolher aparas.
Mais lento parece o alterar-se
das muralhas.
No entanto
todos os dias a história recolhe
a poeira
de suas pedras.

Jerusalém 2007

Negro coração

No cerne de
roxa carne da anêmona
respira
o negro coração
emplumado.

Jerusalém 2007

Da boca para fora

Quantas palavras terá dito Guilherme
em sua não curta vida?
Quantas palavras de amor
– se alguma disse –
quantas de ódio, com trancados dentes,
quantas imprecações
quantas promessas
quantos gritos nos campos de batalha
quantos gemidos
quantas
palavras vãs?

E terá sido palavra
ou foi o silêncio que
ao morrer afinal
assassinado
escancarou a boca de Guilherme,
primeiro da casa de Orange,
que a história batizou
O Taciturno?

Entre ferro e fio

Como punhal
sem sangue
e sem ruído
a agulha vara a carne do tecido.
Ouvem-se apenas
do metal vencido
a queixa do dedal
e um leve sibilar
ferindo as fibras.
A linha se insinua
serpente que
entre trama e urdidura
de outros fios se defende
e ponto a ponto
impõe
nova estrutura.
A essa falsa fronteira
que sem ser cicatriz
o corte emenda escondida na beira
a essa semovente arquitetura
batizamos
costura.

Para poder ouvir

Ah! quantas vezes
com cera algodão
resina ou barro
barrei os ouvidos
para melhor ouvir
minhas sereias.

Mas o corpo

A morte chegou naquela casa
com um molho de chaves na cintura.
Tudo estava trancado a sete trincos
atrás de espessas portas.

Mas o corpo do morto
jazia aberto.

Atrás das portas de mogno
atrás das portas de cedro
sedas damascos
rendas de Veneza
cortes de tafetá
e antigas tramas
defendidos estavam
com suas traças.

Mas o corpo do morto
jazia aberto.

Atrás das portas de chumbo
atrás das portas de aço
espelhos baços
taças de escuro estanho
e as salvas as travessas os talheres
prata marfim e ferro
do seu forro de feltro
faziam fecho.

Mas o corpo do morto
jazia aberto.

Atrás das portas de vidro
atrás das portas de espelho
estampas papéis pinturas
e caixas sobre
caixas e
caixas
barricavam
pendentes
o casulo do *smoking* e
as hibernadas asas da casaca.

Mas o corpo do morto.

> Quando um colar de pérolas
> se parte
> é a morte
> anunciando sua chegada.
> Selado entre veludos
> que a dura noite do cofre encerra
> partido está o colar.

E o corpo do homem
o corpo que foi corpo
e agora é nada
jaz
sem sentido ou tranca
enquanto
em silêncio
tilintam as chaves.

Roma 2001

Da non dimenticare

Fra l'arrosto e l'insalata
si scatta la foto al ristorante.
Il sorriso si fredda con la carne e
del momento
resterà un sapore vago
come quello dell'unto in fondo al piatto.
Ci vorrà poi la data scritta dietro
per non dimenticare il giorno in cui
fummo tanto felici.

Roma 2001

Reflexão em Via del Piè di Marmo

Esperando por mim
em Cesaréia
há um pé parado
e só
um pé pousado
há séculos
na areia com
seu marmóreo peso
um pé cujas pegadas se apagaram
um pé que se perdeu
do seu caminho.

Há um outro pé sozinho
que me aguarda
nessa rua estreita
onde sol não bate.
De mármore também,
também sem rumo
um pé sem passo
ou par
um pé cuja sandália
já não verga.

Dos donos desses pés
não há vestígio
corpos que há muito habitam
outros tempos
deuses ou reis que se queriam eternos
e tombaram um dia,
partidas pernas.

Roma 2001

Fartura

Agradeço, Senhor,
as três orquídeas roxas
no jardim
e as mãos do meu amor
nas minhas coxas.

Gravura no *check-in*

Tão longo o pescoço da moça oriental
tão leve o recorte do queixo.
Naquele aeroporto
fazendo o *check-in*
a moça não sabe que a vejo em estampa
o rosto empoado
a boca de lacre
e o prumo da nuca emergindo
do claro quimono.
A moça registra a milhagem
me estende o cartão para o embarque,
e a boca
sem lacre
sorri.

Enquanto o respirar

O amor morreu
diz quem não sabe amar,
morreu a arte
o romance se foi
o autor está defunto.
Aninham-se os coveiros nas suas frases
enquanto o respirar das coisas mortas
ergue
sereno
o peito do mundo.

As gardênias, ah!

Branca é a gardênia
como a garça.
E como a garça guarda
entre toques de leite
sombras quase de poço
esverdeadas.

As pétalas da flor
iguais às plumas
têm um mover-se imóvel
um volteio
como se vento houvesse
ou sopro
sempre.

As garças voam.
Mas as gardênias,
ah! as gardênias
evolam pelo ar
o seu perfume.

Cem cavalos

São cem cavalos selvagens
confinados numa ilha
pouco chão de sal e areia
para quatrocentas patas.
São cem cavalos selvagens
que mais selvagens se fazem
acossados pela água
pelo vento que embaralha crina e cauda.

Só dois se foram a nado
no abismo da noite escura
e o branco espanto dos olhos
confundia-se com a espuma.
Se buscavam terra ou praia
não alcançaram nenhuma.

A tempestade relincha
a chuva apunhala as ancas
num bramido de batalha.
São cem cavalos selvagens
que a noite
lenta
amortalha.

Infanta Doña Margarida de Austria

A saia da Infanta pintada por Diego
abriga um viveiro de vime
que as pálidas pernas da Infanta
– duas garças implumes –
mantém prisioneiras.
Os pés da menina
calçados de seda escarlate
se ocultam retidos nas pregas da barra.
A fuga é vedada.
Espaço de vôo não se abre
à filha do Rei.

Madri 2001

Enquanto amadurece a romã

Lento
como a água que a custo escorre da poça
passa o dia
para quem pena.
O poeta chinês acamado vê o bambu ondear além
[da janela
ouve o cantar do tordo.
Aqui, só alarido de buzinas pousa nos galhos
e além dos vidros estremece a vida dos que têm
[pressa.
Deitada sem poder me mexer
minha única pressa é para a chegada da noite,
que ainda demora.

Em três semanas

Escrita no poste
colada no tronco
a promessa:
"Mãe Delfina de Oxóssi traz a
pessoa amada em três semanas".
Sete mais sete dias e
sete mais
a esteira do destino põe-se em marcha,
aquele que se foi sem regressar
o que nunca chegou e nem foi visto
o que passou na esquina uma só vez
calça bota, sandália ou vem descalço
atravessando lama mato asfalto
a mão se ergue
a maçaneta gira
e os batentes da vida se escancaram.

Assim foi prometido e não será
mas a imagem
– fotograma sempre repetido –
chama e chama
do fundo coração dos búzios.

Poema quase persa

Vem, amado,
segura minhas ancas nas tuas mãos
enquanto as minhas
domam teus joelhos.
Vem,
abre na minha testa
uma estrada de estrelas
e como um sol nascente de verão
aquece
folha a folha
os meus rosais.

Shiraz 2004

Outra Pasárgada

"Madame – o homem me disse –
não toque nas flores vermelhas.
São flores-veneno
que roubam os olhos."
Ao pé das colunas de Ciro
papoulas palpitam ao sol.
Meus olhos
que flores não roubam
procuram a glória de outrora.

O rei meu amigo se foi
o mar dos meus banhos secou
não há bicicleta.
Das noites de amor e alcalóide
sobraram somente colunas que
dormem no chão.

Pasárgada
alada figura
começa em minh'alma
outro vôo.

Pasárgada 2004

Disputa de irmãs

A caveira que trago sob o rosto
está exigindo paulatinamente
abandonar o escuro
e vir tomar a frente.
Empurra aflora avança
fazendo-se presente
no sorriso mais dentes
nos salientes malares.
Tanto tempo vivemos
em casada harmonia
e só agora percebo
que almeja a primazia.
Que seja.
Em mansa sintonia
o espaço já lhe cedo.

Veduta architettonica

Francesco
Francesco di Giorgio
Francesco di Giorgio Martini
assim
com rigor
peça a peça
constrói-se a arquitetura desse nome
o nome do autor da
cidade sem homem
sem hálito vivo
arcadas abertas no espaço vazio
janelas sem olhos que espiem a
grande esplanada.
Colunas à entrada
ao fundo
navios
e vento nenhum que infle velas
suspiro nenhum sobre as águas.
Cidade sem sombras
imóvel cidade trancada em seus traços.
Apenas
ao lado
presença acenada no alto de um muro
a árvore escura
nos conta
que embaixo do claro desenho
a terra palpita.

No andar décimo sexto

Esse vento que invade meu terraço
não é o mesmo que silva na calçada.
É um vento
que se abate de asa aberta
e traz trapos de nuvens entre os dentes
vento que não rasteja
nem abaixa a cabeça.
Altivo
como se ainda em sua morada
descompõe minhas plantas
arranca folha e flor
em ameaça
mas poupa as raízes nos vasos
quase soubesse que lhes falta chão
para crescer.

Os outros

À mesa do restaurante
sentados frente a frente
você e eu
lemos.
Os outros nos olham
e pensam:
que casal indiferente.
Enganam-se.
É lendo juntos
cada um no casulo do seu livro
que você
e eu
mais nos amamos.

Sempre, nas campinas

A iguana marinha
manso dragão ao sol nas pedras de Galápagos
se lança dos rochedos
                                        para o mar
rumo às campinas do fundo.
Pasta algas como se grama,
a longa cauda ondeja na corrente
o dorso afia as arestas na água fria.
Tudo é silêncio. E no silêncio avança
a sombra escura
a escura mole do leão-marinho
que de marinha iguana
se alimenta.

Pálida presença

Cerejas jazem
afundadas em álcool.
Eu as olho através do vidro do frasco
mensageiras de um verão que se foi
como se foi o seu frescor
e me pergunto se em alguma delas dorme
– presença insuspeitada junto ao caroço –
o pálido verme gerado
pelas primeiras chuvas.

Phalaenopsis

Que dizem entre si as *phalaenopsis*
filhas de um mesmo talo
que mensagens emitem
de perigo
tão distantes que estão de estufa
ou selva
a bordo deste barco que navega?
Eu tomando café com pão e ovo
elas estremecendo à minha frente
tocadas por um vento que não sinto
ou por medo
ou por frio.
As raízes no vaso reconhecem a terra,
alheio
é o ar que pesa sobre as folhas.
Há brotos por abrir
e flor já morta.
Entre uma e outra hora
as brancas falenas palpitam.

Mar Báltico 2007

No shopping

Irmãos de raça
como os tubarões
– noturna metálica pele
focinho adiantado e silêncio –
os carros deslizam vorazes
à caça de vagas
no aquário cinzento
do estacionamento.

De guerras e calças

Calças de feltro verde, tecido de bilhar,
assim, o jovem Pound poeta queria-se excêntrico
na Londres do pré-guerra
– a Primeira, que vinha.

Há muitas gerações, no Casentino,
era de feltro e verde
o capote dos pastores, humilde gente toscana.
Entrou na moda, o capote,
a minha mãe usou, e suas amigas.
Tinha gola de lobo e pano de duas faces
por fora bosque, por dentro sol maduro.
Não era extravagante
era quente e
o que se podia obter naqueles tempos
– a guerra ia pelo meio, era a Segunda.

Mais excêntricas teriam sido as calças do poeta se
como o capote dos pastores
pudessem exibir no *fog* londrino
um bom reverso
cor de bergamota.

Boca travada

Voltando
na estrada
vimos um homem morto
coberto com jornal
a moto tombada quase ao lado
e o ajuntamento em volta.
Não paramos,
parar para quê?
Adiante, mas nem tanto
discutimos à toa, motivo pouco
mas viemos calados até em casa
boca travada de ressentimento.
O silêncio que não demos ao morto
trouxemos conosco.

Viagem por um fio

Na Classe Executiva deste avião
aplicada como o homem com seu *laptop*
uma mulher borda.
Fino fio liga mão e tecido
– cordão e placenta –
enquanto a agulha vai
ponto a ponto
tecendo a nova vida de um desenho.
Olhar posto no bastidor
perfil recortado contra a janela do avião
a mulher viaja.

Essauira ao sol

Os homens de albornoz
olham o mar
sem que nada no mar seja
                remo
                navio
                ou vela inflada.
Os homens
coloridos ciprestes de capuz
olham o mar
só mar
enquanto sua sombra
plantada a sotavento
sulca a esplanada branca como
espuma.

Marrocos 2001

Viagem na pele

Trago ao pescoço prata
de Essauira
fragmento de jóia transformado em pingente
caco de memória
na corrente.

Marrocos 2001

Não, não esqueço

Na praça Djeema el Fna
em meio a saltimbancos e adivinhos
eu vi a moça espástica
sentada na cadeira.
Trazia o cabelo preso e
ao redor do pescoço
solta como decote ou colar
movia-se a cobra viva.
Se busca de uma cura
se devoção ou jogo
jamais hei de saber.
Mas não esqueço as mãos erguidas
os dedos espalmados
e o puro espanto do seu olhar perdido.

Marrocos 2001

Fazedores de passamanaria

Na medina de Fez
homens há frente às portas
que a tarefa ata a fios
como cavalos.
Mas não como cavalos são domados
e sim domam suas rédeas
– seda em cor –
que encavalgam
                    e cruzam
      e entrelaçam
pois numa ponta há mãos,
noutra
há trançados.
E nada há mais na vida
desses homens
senão trançar seus dias
como um destino, que
se esgota nas mãos
mas deixa a trança.

Marrocos 2001

Recado

No céu de puro azul
das três da tarde
uma fatia de lua
pálida embora
me diz
que mesmo ao sol
noite não dorme,
e o escuro
não demora.

Sem deixá-la

Havia uma morte a caminho
que vinha dormir no meu quarto.
Não era meu o nome que trazia nos dentes
                                                            não era meu.
Mas ela gania e se empoleirava no canto como
ave ou fruta que
amadurece um pouco a cada dia.
Eu erguia muralhas de pranto
arrodeando a cama
e atravessava a noite
sem sair do meu feudo
e sem deixá-la
entrar.

Quatro jarros no Prado

Que jarros são esses
de marfim e carne
de escura prata?
Que vida é essa que
        mais que vinho
        mais que leite
                ou água
os colmata?

Quatro jarros de luz
na mesa escura
quatro vivos cantares
no silêncio
e o espaço recortado
em claros traços.

Vigilantes
como os guerreiros da tumba
de Xi'An
quatro jarros
guardam as portas do tempo
para que não se desfaça em pó
o ilustre nome de Zubarán.

Madri 2001

Mais um domingo

No vértice dos montes
as nuvens se enovelam
como um púbis.
Uma neblina esparsa
antecede as encostas
borra os traços
e talvez seja chuva.
Na estrada que não vejo
o alto-falante tenta vender coisas
que não quero comprar
e súbitos foguetes me anunciam
que em algum jogo
alguém venceu
alguém saiu perdendo.

Mais um domingo se gasta
no silencioso vôo de mil insetos e
nas flores que poupam seu miolo enquanto
as pétalas começam a murchar.

Mury 2007

Batalha, ao fim

Os dedos do meu homem percorrem o cachorro
caçando carrapatos.
Pequenos sanguívoros
escondidos na floresta dos pêlos
acabarão mortos por água ou fogo
lançados na lareira ou na privada
quando apenas buscavam alimento.
Este é o destino do ser vivo
ser caçado e caçar na luta por comida
batalha
ao fim, sempre
perdida.

Mury 2007

Foto no álbum

A minha mãe casou em campo aberto
às vésperas da guerra, uma das tantas.
O seu magro *tailleur*
seu chapéu de menina
e o enorme buquê,
flores silvestres
colhidas pela tropa da montanha.
Tão jovem minha mãe e
diante dela
aquele altar cercado de soldados
na mira cega das metralhadoras.
Se sorri não se vê
na foto antiga.
Mas meu pai
de uniforme
cruza os braços por sobre as cartucheiras
adianta o pé na bota de campanha
e posa
vencedor da sua batalha.

Dúvida histórica

Diz Montale que se estava apertado
no ventre do Cavalo de Tróia
uns contra os outros como sardinha em lata.
E eu me pergunto se teriam
os de Ulisses
esculpido conspícuos testículos e
um membro no seu histórico eqüino
para melhor burlar os inimigos.
Pois não era cavalo
o que deixaram
como presente fosse
frente à porta.
Sob seu duplo disfarce, era uma égua
que à noite
na solidão silente entre muralhas
lhes pariu uma ninhada
de assassinos.

E ainda é primavera

A Morte está rondando o condomínio.
Um a um cortou o hálito dos velhos,
a vizinha da frente
o irritado senhor da casa branca,
o alemão mais adiante.
Agora sobe e desce nas ladeiras
cartucheiras cruzadas sobre o peito
macacão camuflado de batalha
a descarnada mão sobre o gatilho.
Uma tosse
um lumbago
são prenúncios que a põem de sobreaviso.
Mas estamos teimando em resistir
a poder de xaropes e Pilates,
e porta alguma cede ao seu coturno.
Os cães latem comprido quando passa
há um alerta entre as aves.
E a Dama vai em patrulha nos jardins
com uma flor incendiando a touca ninja.

Mury 2007

Um outro destino

Toda a vida aprendi
que a vitamina está na casca.
Agora na casca estão
os pesticidas
os defensivos agrícolas
os causadores de câncer.
A casca
e as vitaminas
jogamos ao lixo
com as lições da infância.

Antiga sou

A sola do sapato
é tão delgada
que sinto as pedras
como se descalça
e caminhando na cidade antiga
pela planta dos pés
antiga fico.

Beja 2004

Sobre fundo azul

Estridor de pássaros
retalhando os choupos
no céu da tarde?
Ou folhas que cantam
ao vento que vem do Tejo?

Beja 2004

"Amo-te José Alberto"
Ass.: Rita

Quem é você Rita que
grita seu amor com tinta preta
nessa antiga parede de convento?
É a mesma praça espaço
quase o mesmo terraço
de onde uma Mariana jovem freira
viu passar o mancebo Chamilly
e fez do amor cilício
para fremir na cela.

É noite em Beja.
Rita a esta hora
liga a televisão
e talvez já não pense em José Alberto,
mas guardadas no tempo
cinco cartas
vivem uma paixão que não se apaga.

Beja 2004

Sob o olhar atento

Que crime
que risco
que sangue escondido gravitam
no espaço adensado do estacionamento?
Colunas feridas sustentam
um teto de chumbo vincado de canos
– as veias expostas do prédio –
e o guincho de rodas no
chão de cimento se perde em lamento.
Não dormem
os carros parados.
Aguardam atentos.
E os olhos de vidro espelhado
observam os passos do incauto que busca
perdido entre eles
aquele que é seu na manada
e que atende.

A terra em que nasci

A terra em que nasci fende-se ao meio.
Foi o terremoto – dizem –
são as placas.
E sessenta quilômetros de chão
se rasgam
como pão.

Salomão, Salomão,
não terias a Rainha de Sabá
nem mirra nem olíbano ou canela.
Retida em terra etíope pela fenda
a dama dos enigmas
não tomaria tua mão diante das cortes
não deixaria em tua boca seus perfumes.

Eu penso: carne, sangue,
mas nada disso é fato.
Fato é o machado invisível
a ferida que avança
e não se fecha.
Pode o etíope mudar sua cor
e o leopardo suas manchas?
Em trinta milhões de anos
ou em dez
a chaga chegará ao mar e
como macho o mar
se meterá com fúria
fenda adentro.
A terra em que nasci flutuará como ilha,

o mar
já não será Vermelho
e o leopardo
de espanto
terá perdido as manchas.

Hoffmann não suspeitaria

O estudante Anselmo
tinha orgulho da sua bela escritura
e das plumas de corvo bem cortadas
molhadas no nanquim.

Depois, a Bic venceu as plumas em duelo singular
e em lugar dos corvos depenados
quem morreu foi a caligrafia.

Sem que se veja

Meus dedos
metidos na fresta que
os rasos botões me concedem
alcançam a pele do peito,
o peito do homem que é meu.
De pé
distraído
mal sente meu toque
no abraço que o toma por trás.
Tão leves os dedos,
tão fundo
e tão breve
                    no tato
o encontro entre amor e desejo.

Le poche rose

I rosai di casa mia
poco fioriscono
rare rose su stenti steli
preziose come orchidee.
Forse per questo tanto ne gioisco
perché l'attesa è anch'essa fioritura.

Só um me resta

Três quartos da noite já se foram
e só um me resta.
As estrelas seguiram seu caminho
a madrugada vem ao meu encontro com
passos de silêncio.
Quando o leite do dia for derramado
intensa será a luz
para estes olhos
que só penumbra alcançam.

Minhas filhas vida acima

Minhas filhas não têm mais
vinte anos
e há muito
já não trançam seus cabelos.
Usaram saltos altos antes tempo
ganharam bicicleta
depois carro
e enfim puseram calcanhar no chão.
Agora crescem sem baixar bainhas
levando a vida às costas
vida acima.
Eu as olho do alto com ternura
estendo a mão
mas não escapo à sina
elas sobem a encosta
eu vou descendo a quina.

A um homem não

A um homem não se diz: ciclame, a tua
presença faz do meu jardim
um jardim mais precioso.
A um homem não se chama gladíolo
miosótis, íris.
Da espécie vegetal
a um homem
só baobá choupo palmeira se comparam
poder e tronco.
No entanto, que
gentis podem ser com mãos e boca
capazes de entregar flor e semente
se apenas o desejam.

No ar quase penumbra

Havia uma tela na janela
para barrar a entrada dos insetos,
só para isso,
o resto me chegava como um bônus.
A luz
filtrada pela rede
pousava sobre os móveis mãos de névoa
afagando as arestas,
o sol deixava as asas do outro lado,
e o flamboyant lá fora
visto através da rede com seus tantos
minúsculos quadrados
ganhava precisão de régua e esquadro
transformava-se em risco de bordado.
No ar quase penumbra do meu quarto
os insetos entravam
pela porta.

Como um sino

No minarete
agora iluminado em luz neon
não sobe o muezim.
Como nos aeroportos
o alto-falante expande
a voz gravada
pontual e inalterável
que cinco vezes ao dia
dobra consciência e dorsos.

O muezim ao alto
silhueta voltada para Meca
braços abertos
parecia estar mais próximo de Deus,
fosse esse Deus quem fosse.
Servia de passaporte
a perpétua subida dos degraus.

Sem desdouro da fé
que se abate de cima em *sensurround*
mais fácil é acionar equipamentos
instalados no térreo.

Cairo 2007

Onde fala a fé

Em Cairo,
assim como os fiéis se
voltam para Meca,
nos terraços
nos telhados
no alto dos edifícios
as antenas de televisão se voltam
numa única direção
para melhor captar as mensagens
dos novos deuses.

Cairo 2007

Em Via degli Orsini

Vejo sempre do alto
a sala antiga e a minha avó sentada costurando
na frente da janela.
Há uma luz que lhe chega e
no pátio
         lá embaixo
a fonte rumoreja.
Eu me vejo a seu lado
não o rosto inclinado sobre o pano
não minha pele em flor
mas a nuca fletida como um talo
os ombros magros
e o cabelo preso.
Vejo a cena de topo
como se a morta fosse eu, não ela,
e incorpórea pairasse junto ao teto.
A memória me põe dentro e fora da cena
duplo ponto de vista dessa sala
a minha avó e eu ali paradas
só mansidão e sombras
e o breve rebrilhar de duas agulhas.

Em visita, sem chá

Não tinha como prever
Catarina
as damas que viriam
no futuro
visitá-la em sua modesta casa
em Chenonceau.
Vejo um grupo chegando
pela ponte
americanas todas
viúvas tantas
com suas roupas sem jeito
seus corpos sem feitio
suas vidas
que as tarefas enformam firmemente.
São rainhas do lar
companheiras de trono
e de realeza
que vêm se debruçar
no quarto da colega
no gabinete de estampas
no *studiolo*.
Mulheres a quem nunca foi dado
ter "a room of their own"
vêm ver como seria
ser dona
de um país.

Aligny 2003

Mas o sol está a caminho

O escuro verde do trigo novo
não se avilta na chuva
nem vergam cabeça
as espigas donzelas.
Vai o vento de maio
no vale do Loire
deitar um céu de nuvens sobre os campos.
As papoulas entregam à água
suas trêmulas asas
goteja a mancha roxa dos íris
calam-se os corvos.
No coração do bosque
dormem os rododendros
contendo a brotação
à espera de que venha o verão
libertar-lhes as flores.

Aligny 2003

Sangue goteja

No *château* de Villandry
a guia nos mostra a mesa
que recebia a caça colhida no bosque
carne quente sobre
mármore frio.

No Rio
a carne colhida na Linha Vermelha
Amarela
na selva das ruas
se atira fria em qualquer canto
ou se desova
ainda morna
no escuro baldio.

Aligny 2003

Frutos meus

“Tivemos gelo este ano
– diz o dono da terra –
e o meu pessegueiro
não deu frutos.”
O dono da terra,
que não possui as raízes
não comanda o vento
não ordena o gelo,
quando os frutos acontecem
se permite dizer
“são meus”.

Aligny 2003

O sol dorme tarde

Carneiros deitados à sombra
são como pedras
claras curvas polidas
e o peso
sobre a terra.
Debaixo da sua saia
a castanheira
abriga meu rebanho
de um só dia.
Dobradas as duras patas
uma cabeça pousa
contra o tronco.
Na tarde posta à espera
novelos de silêncio
ruminam.

Aligny 2003

Sobre parede de antiga pedra

Todas as cores se evadem no tempo
menos o azul
diz a tapeçaria do Apocalypse
tesouro dos plantagenetas
que na penumbra de Angers
dorme pendente.

No pequeno castelo de Aligny
uma tapeçaria sem cores me convoca
todas as vezes em que
desço a escada.
São guerreiros
cavalos
armaduras
que no ar se desfazem
pouco a pouco.
Embora as alabardas e as espadas,
entregaram a um século
os vermelhos
perderam para o outro
os amarelos
despiram-se dos verdes
tempo adentro.
E no rastro das cores
foi-se a lã.
Cai em mansos *lambeaux*
esse tecido
que algum dia pretendeu
contar história.

E os seus donos
se esmeram docemente
para manter-lhe a vida.

Costuraram as falhas
com os fios mais variados
os que estavam à mão
os que
por um momento
pareceram certos.
Remates de barbante
cerzidos
chuleados
emendas pelo avesso em linha de bordado
e a um canto
escondido
um clipe de metal retendo partes.
Comove-me
esse clipe tão discreto
que se deixou ficar
enferrujando
recuando no tempo
acrescentando pátina aos seus ossos
até tornar-se antigo como os elmos
e pertencer
sem erro
a essa batalha.

Aligny 2003

No alto, os caibros

Nove horas da noite
e o sol ainda maduro na janela
o caracol no vidro
as peônias no vaso rumo ao sono
as aranhas tecendo
seu silêncio.
Na sala de jantar
antes cozinha
iguais são
há séculos
os passos do tempo
e a paz se toma
de colher
em prato fundo.

Aligny 2003

Castelo no campo

De portas abertas
um quarto se liga a outro quarto
fieira de espaços que
a luz alinhava precisa.
E num desses quartos,
a cama pequena entre camas
a cama de grades.
Na colcha
espetado
escrito com mão de criança
o recado:
"Lit d'Amandine."

Não sabe Amandine que
quando voltar para as férias
seu berço
seu feudo
domínio cercado
terá se tornado pequeno demais para ela.

Aligny 2003

Busto no patamar

O sol te chega pela esquerda
donzela da escada
e pela esquerda se entranha
na rósea terracota da tua pele
dividindo-te em dois
aurora
e noite.
Como pena e nanquim
minha memória
desenha em ar teu rosto
bipartido.

A raia ao meio
apartando as duas águas dos cabelos
e a aresta do nariz
na mesma reta
fronteira e veto onde a luz estanca.
Abaixo
a boca
sem sorriso ou fala
boca selada
ausência de respiro.
E a pequena lua cheia
do teu queixo
que a sombra acaricia só pelas bordas.

Mas teus olhos privados de pupilas
teus olhos sempre abertos
sem escolha

o que viram
donzela?

Do alto patamar
ao fim da escada
viram moças subir
de ventre cheio
como salmões em tempo de desova
e descerem mulheres
filho ao peito.
Viram filhos crescendo e
sendo homens.
Viram morte subir
e descer tempo.

A família fluiu
sob os teus olhos
água debaixo de ponte
vozes
      chamados
                    passos
                            levados
                                      na escarpada torrente
                                                                    dos degraus.
Agora
calada a casa que quase não se habita
poeira pousa entre as pálpebras.
E o sol te sangra pela esquerda
enquanto
à direita
a sombra
sorve teus traços.

Aligny 2003

E la notte scorre

Questa notte entriamo e usciamo dal sonno
come due pesci che risalgono il fiume.
Così succede spesso in viaggio
quando di acque profonde
si vuol conoscere il fondo.
Allora la coscienza affiora
a prendere boccate d'aria
in superficie
mentre il cuore nuota
nell'ignoto.

Aligny 2003

Essa amplidão

Abertas pernas neste fim de tarde
não é apenas teu corpo que me invade
deitado sobre o meu.
Essa amplidão lá fora entre montanhas
o ouro dos ipês, as quaresmeiras,
o chamar-se dos cães, os
sons distantes
tudo me adentra e lambe
como água
tudo me acaricia
tudo me expande.

Mury 2008

Há sempre outros pastos

Rebanhos de *blue jeans*
fazem sua transumância
em *fingers* de aeroporto.
Nuvem de pó não se ergue
de *bierkenstock* sandálias
tênis e mocassins que levam
ovelhas de *piercings* e
paciência instalada
a mudar de uma cidade
a outra de um país a
outro de um a outro
continente.
Sem pastor nem cão
vai o rebanho no ar
ruminando livros e vídeos
afeito ao espaço estreito
e falsa segurança do cinto
contando o tempo
até a chegada em novos pastos
a alcançar
pela ponte metálica de
um *finger*.

Colheita

Trago para casa
um poema,
a viagem já
valeu a pena.

Este livro foi composto na tipologia Perpetua, no corpo 13/15,
e impresso em papel off-white 90g/m²
no Sistema Cameron da Divisão Gráfica da Distribuidora Record